KB240567

TrotZine

2025 Trotzine No 1

트로트의

현재와 미래를

한 권에 담다!

'트롯진' 창간호는 아티스트 장민호의 진솔한 인터뷰와 독점 화보를 시작으로

성리·별사랑·남궁진·정다경·진욱의 다채로운 매력을 기록한다.

팬들의 사연을 지면에 담은 참여형 콘텐츠, 최신 트렌드를 분석한 뉴스 리포트,

그리고 트로트 명곡을 다시 조명하는 스페셜 기획까지 더해져

트로트를 사랑하는 독자에게 반드시 소장해야 할 매거진으로 완성됐다.

국내 최초이자 유일한 트로트 전문 매거진 '트롯진'

이제, K-트로트의 세계화를 향한 여정이 시작된다.

나를 좋아하고,
내가 좋아하는
사람들과
함께 만들어가는 것

장민호

"내 음악? 장르의 한계를 뛰어넘는 다양성"

데뷔 이후 세월이 많이 흘렀지만 아직도 마음이 뜨거워지는 순간이 있다면 언제인가요?

아무리 고민해도 이 답은 역시 콘서트입니다. 한 해 동안 저와 같은 마음으로 그 순간을 기다려온 팬분들과 무대 위에서 만났을 때 가장 마음이 뜨거워집니다.

가수로서 가장 힘들었던 시기는 언제였나요? 그럼에도 계속하게 한 원동력은 무엇이었나요?

가수로서 가장 힘들었던 시기는 금전적인 어려움이나 주변의 우려보다도 스스로 '이 길이 맞나'라는 의문이 들었을 때입니다. 저뿐만 아니라 모든 가수가 스스로를 '가수'로 인정하지 못한다고 느낄 때 가장 힘들지 않을까요? 그럼에도 계속 묵묵히 걸어갈 수 있었던 건 그 당시 주변에서 응원해준 사람들 덕분입니다.

음악을 통해 성장했다고 느끼는 순간이 있었나요?

'기다림'의 가치를 깨닫게 되는 순간입니다. 음악이라는 건 시간이 지나면서 익어가는 것 같아요. 그때 당시에 최고라고 생각했던 음악도 시간이 지나면 또 달라지곤 하지요. 반대로 어떤 음악은 시간이 지나면 다른 매력으로 와닿기도 하고요. 그리고 저 또한 같이 익어가니까요. 제가 그 음악을 이해하는 정도도, 표현하는 방식도 성숙해집니다. 그래서 음악을 통해 배운 것을 꼽는다면 일부의 순간에 휘둘리지 않고 기다릴 줄 아는 자세이지 않을까 생각합니다.

2021년 이후 매년 전국 투어 중입니다. 수차례 콘서트 레퍼토리(셋 리스트)를 매번 바꿀 정도로 콘서트에 대한 애정이 대단한데 장민호 님에게 콘서트란 어떤 의미인지요? 그리고 본인 곡뿐 아니라 다양한 장르의 커버곡(리메이크곡)들을 이벤트성으로 보여주고 있는데, 이런 커버곡들을 준비하게 된 이유나 과정이 있는지요?

에너지를 가장 많이 쏟는 게 역시 콘서트 같습니다. 그런데 그만큼 에너지를 가장 많이 받는 일이기도 하지요. 종종 체력적인 한계를 느낄 때도 있지만, 인터뷰 처음에 얘기했던 부분과 동일하게 '나를 좋아하고', '내가 좋아하는' 사람들이 함께 만들어가는 것이기 때문에 새로운 무대와 연출을 계속해서 고민하게 되는 것 같습니다. 지난해의 경우엔 정말 불가능할 정도의 셋 리스트로 체력적인 부담이 커서 '여유 있는 콘서트를 해야 하나'라는 생각이 들 정도였지만, 돌이켜보니 그만큼 여러 방면으로 배운 것 같고, 그런 과정을 통해 공연을 즐겨주신 관객과 함께 성장한 것 같습니다.

'내가 초심을 지키고 있구나'라고 느끼는 순간은 언제인가요?

아직도 음악을 하고 있다는 것, 그리고 여전히 음악이 '가장' 좋다는 것입니다.

'가수로서 가져야 할 가장 중요한 마음가짐'은 무엇이라고 생각하시나요?

'무대를 소중히 다뤄야 한다'라는 것입니다. 어떤 무대든 그 무대에 올라갔을 때는 이 무대가 나의 콘서트 무대라는 마음으로 임해야 한다고 생각합니다.

정

Identity

무대 위의 모습보다 준비 단계가 곧 무대의 진정성

꾸준히 자작곡을 앨범에 수록하고 계십니다. '오십' '내 이름 아시죠' '노래하고 싶어' '휘리릭' 등 자작곡에 대한 본인의 음악적 철학은 무엇인가요?

앨범에 꼭 자작곡을 실어야겠다는 생각은 없습니다. 그렇지만 영화를 만들 때, 연출자가 '이 흐름에 이 장면이 있어야지'라고 생각하고 장면을 만드는 것과 비슷하게, 앨범의 기승전결을 보고 생각하면서 '이런 곡이 있으면 앨범에 전체적인 조화에 맞겠다' 싶으면 그에 맞는 곡을 실게 되는 것 같습니다.

최근 유튜브에 실제 참여 작곡가들을 초대해 지난 앨범의 코멘터리를 올렸습니다. 음악적인 이야기를 하는 방식으로 작곡가들을 초대해 이야기를 나누게 된 계기가 있는지요?

곡을 탄생시킨 작곡가에게 직접 그 곡의 탄생 비화와 작곡 의도를 듣는 경험을 통해 곡 해석을 더욱 풍부하게 만들 수 있다고 생각해요. 보통 곡을 감상하는 방식이 가수가 부르는 노래만 듣는 경우가 많은데, 곡 창작자의 의도를 같이 알게 되면 노래를 접하는 방식을 확장할 수 있을 것 같다는 생각에 기획하게 되었습니다.

무대 위에서 가장 '나답다'라고 느끼는 순간은 언제인가요?

무대에서 '가장 나답다'라고 말하기는 좀 거창하지만 '준비가 많이 된' 무대에서 나올 수 있는 것 같습니다. 제가 가장 준비가 된 순간에 무대에 오르면 가장 '나다운 무대'를 만들 수 있는 것 같습니다.

장민호 님의 음악을 표현한다면 어떤 단어가 어울릴까요? 그리고 다른 가수와 차별되는 나만의 강점은 무엇인가요?

제 음악은 장르의 한계를 정하지 않는 다양성입니다. 그리고 그 다양성에 걸맞은 소화력을 꼽을 수 있습니다. 다른 가수와 차별점이라면 곡을 선택하는 저만의 기준과 장기적으로 추구할 음악적 청사진이 확실하다는 것입니다. 그만큼 선곡에 늘 책임감을 느끼고 신중하게 결정하지요. 그리고 그게 가능한 이유는 제게 맞는 곡, 어울리는 곡을 정확히 알고 있기 때문입니다.

다른 사람은 몰라도 본인이 스스로 아끼는 '나만의 가치'는 무엇인가요?

일관성, 지속성, 끝까지 노력하기, 끈기

무대 위에서 가장 '빛났던 나'를 꺼내 보여준 무대가 있다면 어떤 무대였을까요?

'드라마' 콘서트 첫 오프닝 무대입니다.

무대에 설 때 가장 중요하게 생각하는 '자세'는 어떤 것인가요?

무대 위에서의 모습보다 무대 전의 모습이 더 중요하다고 생각합니다. 그 무대를 위해 준비한 연습량이 없다면 진심이 부족하다고 생각해요. 준비 단계가 곧 무대의 진정성이 아닐까요? 이 마음가짐은 한 번도 변한 적이 없습니다.

지금의 '나'가 가진 탤런트를 좋은 음악으로 보여줄 것

음악 활동이 '연작' 느낌으로 이어집니다. 미니 앨범명은 '에세이' 시리즈로, 사부곡은 '내 이름 아시죠' '휘리릭'으로 콘서트는 '호시절 시리즈' 연작으로 음악 활동을 이어가는 이유가 있는지요?

음악의 연속성이 있다는 건 듣는 분들에게 우리가 앞으로 나아갈 방향성의 길잡이가 되어주는 것 같습니다. 음악의 집중도와 이해도를 훨씬 높일 수 있는 효과적인 장치 같은 것이지요. 또 시간이 지나서 돌이켜 봤을 때 그 음악과 그때의 추억을 맞물려 떠올릴 수 있어서 좋은 것 같아요. 앞으로도 꾸준히 연작 구성으로 음악 작업을 하게 될 것 같습니다.

앞으로 꼭 도전해보고 싶은 무대나 장르가 있으신가요?

도전이라는 키워드로 생각한다면 가수와 가수의 콜라보레이션(합동 무대, 또는 듀엣)보다는 가수가 아닌 장르의 아티스트와 협업해보고 싶습니다. 최근 공연에서 한국무용, 콰이어, 풍물패와 협업해보았는데, 그런 다양한 예술 분야와 함께했을 때 생각지 못한 새로운 시너지가 나는 것 같아요.

가수로서 '다음 물결'을 만들어가기 위해 준비 중인 변화가 있다면 어떤 것일까요?

'준비 중인 변화'라기보다는 지금까지 준비했던 것들, 이미 준비된 것들을 팬들과 대중들에게 어떤 방식으로, 어떻게 보여줄지 고민하고 있습니다. 이때까지 쌓아온 경험과 연습들이 '지금의 나'를 만들었는데, 이제부터는 '지금의 나'가 가지고 있는 탤런트를 어떤 좋은 음악으로 보여줄지 연구하는 게 중요할 것 같아요.

앞으로 트로트가 어떤 방향으로 발전하기를 바라는지요?

요즘 어떤 분야든 K-컬처와 함께 글로벌화되는 것이 하나의 흐름 같습니다. 그래서 트로트 역시 K-컬처에서 한 분야를 담당할 수 있도록 글로벌 팬들에게도 노출됐으면 좋겠고, 또 해외에 거주 중인 한인 분들과도 다양한 무대로 소통할 수 있는 기회가 생기기를 바랍니다.

국민가요의 꿈이 있을 텐데 어떤 노래를 팬들의 가슴에 남기고 싶은지요?

많은 사람의 이야기가 담긴 곡(즉 모두가 공감할 수 있는 곡)입니다. 가장 개인의 이야기가 결국 모두의 이야기가 되는 것 같습니다.

앞으로 활동에 대한 스포를 조금만 해주신다면요?

정말, 조만간에 앨범이 나옵니다. 이번 앨범은 미니 앨범일 것 같아요. '대형 스포'를 하자면 그전까지의 '에세이' 시리즈와는 좀 다를 것 같다는 것입니다. 하지만 누구나 좋아할 것이라는 확신이 있어요. 우선 여기까지만 얘기하겠습니다.

음악방송 MC부터 '편스토랑(요리)' '2장 1절(토크)'까지 다양한 방송 활동을 하고 계시고, 최근에는 유튜브에 일상을 올리거나 유튜브 예능을 준비하는 움직임도 볼 수 있는데요. 방송적으로도 계속 챌린지를 하는 이유가 있다면 무엇일까요? 그리고 더 시도해보고 싶은 방송이 있으신가요?

MC 활동을 통해 다른 사람들의 사는 이야기를 듣는 간접 경험들이 오히려 음악을 하는 것에 도움이 되는 것 같아요. 그들의 아름답고 빛나는 하루하루의 이야기를 통해서 제가 모르는 사람들의 일상을 일게 되는 지점도 재미있습니다. 그 외에 유튜브와 방송 활동을 통해 여러 모습을 보여주는 건, 제가 잘하고 궁금해하는 것을 부담 없이 하고 싶다는 생각으로 조금씩 도전해보는 것 같습니다.

최애템 탐구생활

_로즈천사님

최애템 1

최애템 2

최애템 3

1 2 장민호 가수님 2024~2025 전국투어 〈호시절(好時節): 시간여행〉

콘서트 홍보 포스터(직접 아이디어를 고안, 제작하여 인쇄소에 의뢰 후 고급 용지에 출력 후 액자에 넣어서 장민호 가수님에게만 전해드린 세상에서 단 하나뿐인 콘서트 포스터)

3 손수 제작 셀프 책(2022년 손수 쓴 〈디어 민호〉 글을 편집하고 제작하여 장민호 가수님과 함께했던 소중하고 특별한 날들을 소회하며 쓴 일종의 일기 같은 편지)

민트로서 가장 아끼고 애정하는 최애템으로 로즈천사가 거의 영혼을 갈아 넣어 쓴 글을 모아서 제작한 책으로 "기록은 기억을 지배한다"라는 명언을 실현하고 소중한 추억을 만들어주신 최고의 아티스트 장민호 님에 대한 고마움을 간직하기 위해서입니다.

최애템 4 5

최애템 6 7

4 5 장민호 가수님 생일 기념 금메달(가수 장민호 님이 태어나서 민트들 곁으로 와준 가장 고맙고 특별한 날을 기념하는 금메달을 직접 도안하여 주문, 제작)

6 7 장민호 가수님께 드리는 공로패와 표창장(아티스트로서 기수 징민호 님의 눈부신 활동을 오래도록 기리고자 직접 도안하여 주문, 제작)

트로트 성지순례

_얌체걸님

민호 님 덕분에 이어진 소중한 인연 민트 3명이 특별한 여행을 다녀왔습니다.

민호 님이 실제 머물렀던 숙소를 예약하고 설레는 마음에 잠을 설쳤던 기억이 아직도 생생합니다. 숙소에 도착해 문을 열고 들어서는 순간 방송 속 장면과 웃음소리가 그대로 떠올랐습니다. 촬영에 나왔던 카페에서 민호 님을 떠올리며 빵(민호 님이 드셨던 빵이 없어서 아쉬웠음)을 고르고 차를 마시며 민호 님의 이야기로 시간 가는 줄 몰랐죠.

마지막 코스로 단양의 하늘을 패러글라이딩으로 날며 민호 님과 의 추억을 하늘 위에 새겼습니다. 특히 파일럿 두 분과 함께 사진 도 찍으며 촬영 때 에피소드도 들었어요. 우리 민호 님이 너무 잘 생기고 매너도 좋으셨다고 칭찬해주셔서 어깨가 절로 으쓱했답

니다. 민호 님의 발자취를 따라 떠난 2박 3일 우리들의 여행은 달 콤한 향기로 물든 시간이었습니다.

오빠는 풍각쟁이

한국 대중음악의 태동

"아, 이놈아! 세상 하고 많은 직업 중에 할 게 없어서 고작 풍각쟁이를 할라고 그러냐⋯."

늦둥이 아들이 자기 몰래 가수가 되었다는 사실에 충격을 받은 남진의 부친 김문옥의 일성이었다. 19세기 말(1896)에 태어난 그에게 대중 앞에서 노래하는 직업이란 가수도, 연예인도, 딴따라도 아닌 한낱 풍각쟁이에 불과한 거였다.

'풍각쟁이'란 '시장이나 남의 집 문전으로 돌아다니며 노래를 부르거나 악기를 연주하여 돈을 구걸하는 사람을 얕잡아 이르는 말'이다. 조선 후기 유행한 사당패, 광대패 등 연희 집단 가운데 악기 연주와 노래를 전문으로 하는 이들을 가리켰다. 풍각쟁이들이 활동하던 때는 아직 한반도에 대중음악이 태어나기 이전이었다.

대중음악 시대가 열리다

대중음악의 가장 중요한 전제 조건은 대중이다. 하지만 많은 사람이 모여 있다고 대중이 되는 건 아니다. 대중에는 '대량 생산과 대량 소비를 특징으로 하는 현대 사회를 구성하는 다수의 사람'이란 사회적 의미까지 포함하고 있기 때문이다. 따라서 대중은 산업화와 자본주의화 이후에 출현했다고 말할 수 있다. 우리나라의 경우 개항을 통한 근대화, 특히 1894년 갑오개혁으로 신분제가 철폐된 후 등장했다고 본다.

19세기를 지나면서 우리 전통 음악에도 변화의 바람이 분다. 이전까지 왕을 위한 궁중음악과 중인 이상 지배층이 즐기던 가곡, 서민들의 잡가 등이 엄격하게 구분되었는

데, 신분제가 폐지되고 근대식 극장과 대중매체가 등장하면서 이런 구분이 사라지게 된 것이다. 그러면서 판소리와 잡가에 능한 전문 소리꾼이 국왕에서 천민까지 모두의 사랑을 받게 되었다. 19세기 후반에는 대중매체가 등장했다. 1877년 에디슨이 발명한 유성기가 약 20년 뒤에 한반도로 들어온 것이다. 당시 유성기의 숫자는 적었지만, 사람들을 모아 음악을 들려주고 돈을 받는 '유성기 시청회'가 유행하면서 유성기는 대중매체의 역할을 톡톡히 하게 되었다. 1907년 국내 최초의 상업 음반이 제작되고, 1927년 라디오 방송을 시작하면서 명실상부한 대중음악 시대가 열렸다.

전통과 외래가 만나 대중음악으로

하늘 아래 완전히 새로운 것은 없다. 미국 대중음악이 유럽 음악, 아프리카 음악, 라틴 음악 등에 뿌리를 두고 발전한 것처럼 우리 대중음악도 여러 음악의 상호작용 속에서 형성되었다. 그중 한국 전통 음악, 서양 음악, 일본 음악이 중요한 세 가지 원천이 되었다.[1] 이렇게 여러 음악이 서로 영향을 주고받으면서 우리만의 독특한 대중음악이 만들어졌다.

여기서 주의해야 할 점은 우리 대중음악이 서양이나 일본 음악의 일방적인 영향 아래 태어난 게 아니라는 사실이다. 원래 음악을 비롯한 모든 문화가 그러하다. 귤이 회수를 건너면 탱자가 되듯, 음악 또한 새로운 장소로 옮겨 가면 다른 모습으로 변하게 마련이다. 서로 만나서 뒤섞여 새로운 모습으로 태어나는 것이야말로 문화의 속성이기 때문이다.

19세기에 이미 변화를 겪고 있었던 전통 음악은 우리 대중음악이 탄생하는 데 큰 영향을 주었다. 외래 음악의 영향을 받은 전통 음악이 대중음악으로 변신하게 된 것이다. 대표적인 예가 민요풍의 창작 대중

유성기 ⓒ 국립민속박물관

가요인 '신민요'다. 1926년 나운규의 영화 <아리랑>이 전국적인 흥행에 성공하면서 주제가 '아리랑' 또한 인기를 끌었다. 그런데 영화 주제가 '아리랑'은 전통민요 아리랑을 바탕으로 새롭게 만들어진 신민요였다. 이후 아리랑은 다양한 스타일로 편곡되어 음반으로 발매되면서 신민요가 대중음악의 갈래로 정착하는 데 중요한 역할을 했다.[2]

전통 음악 다음으로 대중음악에 영향을 준 것은 서양 음악이었다. 선교사들이 세운 학교와 교회 그리고 대한제국 군악대 등을 통해 도입된 서양 음악은 창가와 찬송가, 군가의 형태로 우리 대중음악에 영향을 끼쳤다.[3]

그 뒤를 이은 일본 음악은 일본의 전통 음악이라기보다 '일본이 받아들인 서양 음악'에 더 가까웠다. 일본 노래의 번안 가요로 큰 인기를 끌었던 '이 풍진 세월'은 원래 일본에서 선박 사고로 목숨을 잃은 중학생들을 추모하기 위해 교사가 만든 곡이었다. 하지만 이 곡의 멜로디는 서양 찬송가 'When we are at home'에서 가져왔다. 서양 음악이 일본을 거쳐 우리 대중음악으로 정착한 셈이다.

일제강점기, 대중음악 장르가 생겨나다

여러 음악에 뿌리를 두고 있던 우리 대중음악은 여러 갈래로 줄기를 뻗었다. 일제강점기에 형성된 초창기 대중음악은 크게 신민요와 트로트, 재즈송, 만요 등 네 개의 장르로 나눌 수 있다.[4] 이 가운데 신민요와 트로트가 양강 구도를 형성했는데, 둘은 서로 영향을 주고받기도 했다.[5]

'새로운 민요'라는 뜻의 신민요는 기존의 민요를 대중가요화한 장르다. 자연 발생적으로 생겨난 것이 아니라, 작곡·작사가가 따로 있다는 점에서 전통민요와 다르다. 신민요라는 장르명이 처음 음반에 등장하는 건 1930년대다. 무대에서 배우들이 흔히 부르다가, 전통민요에 익숙한 기생들이 '민요조 유행 가수'로 본격 진출하면서 신민요는 트로트를 능가하는 인기를 끌었다고 한다.[6]

신민요보다 먼저 인기를 끌었던 트로트는 당시 일본에서 유행하던 대중음악의 영향으로 생겨난 장르였다. 처음에는 일본 유행가들이 번안곡 형태로 들어왔는데, 1932년 '황성의 적(왕평 작사, 전수린 작곡, 이애리수 노래)'이 음반으로 발매되고 인기를 끌면서 트로트 시대가 열렸다.

이 노래는 1941년 당대 최고의 인기 가수 남인수가 '황성옛터'라는 곡명으로 다시 불러 유명해졌다. 이 무렵 비슷한 트로트 곡들이 얼마나 많이 쏟아져 나왔던지 "늘 같은 노래와 비슷비슷한 멜로디의 범람"을 문제 삼는 신문 기사가 나올 정도였다.[7]

재즈송은 재즈뿐 아니라 미국에서 유행한 팝송이나 샹송, 라틴 음악 같은 서양 대중음악의 영향을 받아 만들어진 노래를 뭉뚱그려 가리킨다.[8] 특히 20세기 초반에 전 세계를 강타한 재즈의 물결이 식민지 조선에까지 밀려들면서 인기를 끌었다.

경성 등 도시를 중심으로 젊은이들 사이에서 유행했으며, 이국적인 정취와 향락을 노래한 곡들이 많았다. 가사에 외래어를 섞어 쓰는 것도 특징이었다. '청춘계급(1938)'은 "밤새도록 술을 마시

일제강점기 조선악극단 공연 모습 ©독립기념관

1 김창남 엮음, 『대중음악의 이해』, 한울아카데미, 2012, 240~241쪽
2 장유정·서병기, 『한국대중음악사 개론』, 성안당, 2015, 67~71쪽
3 송지원 외, 『음악, 삶의 역사를 만나다』, 국사편찬위원회, 2011, 224~225쪽
4 송지원 외, 『음악, 삶의 역사를 만나다』, 국사편찬위원회, 2011, 255쪽
5 이영미, 『한국대중가요사』, 민속원, 2006, 99쪽
6 박찬호, 『한국가요사1』, 미지북스, 2009, 259~263쪽
7 매일신보, 1937. 4. 13.
8 박찬호, 『한국가요사1』, 미지북스, 2009, 251쪽

고 춤을 추자"라는 가사에 '소네타, 아폴로, 보드카, 에로이카' 등 외래어를 사용했다.[9]

만요는 일종의 '코믹송'이다. 당시 유행했던 희극 '만담'에서 나온 이름으로 가사에 해학과 풍자를 담았다.[10] 음악 스타일은 신민요와 트로트, 재즈송 등 다양했다. 미국 팝송의 멜로디에 재미난 가사를 붙인 '유쾌한 시골 영감(범오 작사, 외국 곡, 강홍식 노래)'은 훗날 코미디언 서영춘이 '시골영감'이라는 제목으로 다시 불러 큰 인기를 얻었다. 당시 '왕서방 연서', '오빠는 풍각쟁이', '엉터리 대학생' 등이 대중에게 큰 사랑을 받았다.

'유행가'에서 '트로트'로

초창기 대중음악의 갈래 중 트로트의 위상은 좀 독특하다. 일제강점기의 트로트는 1910년대 미국에서 만들어진 폭스트롯Foxtrot이라는 댄스 리듬을 가리켰다. 왈츠나 탱고, 룸바, 차차차 등과 같은 범주였다. 1936년 이난영이 발표한 음반에는 '낙화의 눈물'이란 제목 위에 '폭스트롯'이라고 적었다. 이는 같은 음반 뒷면에 수록된 '님 사는 마을'의 '탱고'처럼 리듬을 표시한 것이다. 신민요와 재즈송, 만요 등은 당시부터 쓰이던 장르명이었으나, 트로트는 그렇지 않았다는 말이다.

'황성의 적'으로 시작된 트로트 노래들은 당시에는 트로트가 아닌 '유행가'라고 불렀다. 전통민요에서 시작한 대중가요를 신민

요, 서양 음악의 영향을 받은 노래를 재즈송이라 부른 것처럼 일본 음악의 영향으로 새롭게 등장한 가요를 유행가라고 부른 것이다.

흔히 '트로트의 원조'로 불리는 일본 엔카도 사정이 비슷했다. 서양 음악의 영향으로 일본의 대중음악이 형성되던 1920~1930년대에 엔카는 장르명이 아니었다. 원래 엔카(演歌)는 메이지 시대 자유민권사상을 보급하기 위해 썼던 연설을 노래로 만든 엔제쓰카(演説歌)를 의미했다. 오늘날 대중음악 갈래를 가리키는 엔카와는 전혀 달랐다. '엔카의 아버지'로 불리는 고가 마사오(1904~1978)가 만든 수백 곡의 노래들은 당시 엔카가 아니라 '류코카(유행가)'였다. 우리나라에 음악 스타일과 함께 유행가라는 이름까지 들어온 셈이다.[11]

트로트가 장르명으로 쓰이기 시작한 것은 1950년대로 추정된다. 이때 전국적으로 '춤바람'이 불면서 대중가요 음반에 트로트를 표기하는 일이 대폭 늘어났다(당시 상황을 잘 보여주는 것이 소설과 영화로 큰 인기를 끈 '자유부인'이다). 그러다 1960년대가 되면 트로트를 장르명으로 사용하는 신문 기사가 등장한다. 리듬명이었던 트로트가 장르명으로 진화하면서 이전에 유행가라고 불리던 노래들까지 포괄하게 되었다고 볼 수 있다. 일본 엔카도 1960년대 장르명으로 변화하면서 트로트와 비슷한 길을 걸었다.[12]

9   남예지, <1930년대 우리나라 재즈송에 관한 연구>, 중앙대학교, 2015, 27쪽
10 전은진, <일제강점기 만요의 음악적 특징과 재해석된 작품 연구>, 경희대학교, 2017, 15쪽
11 장유정, 『트로트가 무어냐고 물으신다면』 따비, 2021, 83~84쪽
12 장유정, 『트로트가 무어냐고 물으신다면』 따비, 2021, 25~27쪽

'오빠는 풍각쟁이'

by 박향림

박향림, 오빠는 풍각쟁이

일제강점기, 여가수 박향림(1921~1946)이 1938년 컬럼비아레코드를 통해 취입한 노래다. 그 시절 대표적 대중음악인이자 가수 이난영의 남편이었던 김해송이 작곡했다. 중상층 집안의 남매를 풍자했는데 "불고기 떡볶이는 혼자만 먹고/ 오이지 콩나물만 나한테 주구/ 오빠는 욕심쟁이 오빠는 심술쟁이" 등 당시로서는 상당히 파격적인 가사를 담았다. 이 노래는 코믹한 가사, 흥겨운 멜로디에 가수의 타고난 노래 솜씨가 어우러져 큰 인기를 끌었다.

박향림은 이난영 등과 함께 1939년 우리나라 최초의 걸그룹이라 할 수 있는 '저고리 시스터즈'를 결성했는데, 이듬해에는 남성들로 구성된 '아리랑 보이즈'가 등장하기도 했다. 저고리 시스터즈는 광복 이후 해체되었고, 박향림은 1946년 출산한 직후에 강원도 홍천군에서 열린 공연에 참가했다가 산후병으로 25세의 젊은 나이에 생을 마감했다.

출처:《오빠, 남진》, 상상출판사

꿈의 무대에
설 때까지

성리

"기다려주신 만큼
보답하고 싶은 마음이
제일 큽니다"

〈트롯 챔피언〉〈더 트롯 쇼〉〈트롯 열차 피카디리역〉까지 바쁘게 스케줄을 소화하고 계신데요. 전역하시고 처음으로 팬들을 만났을 때 어떤 감정을 먼저 느끼셨나요?

군 복무를 하면서 제 영상들을 많이 봤어요. 그때가 그립고 밖에서 '내가 하고 싶었던 일을 했을 때가 행복했구나'라는 감정이 많이 느껴졌어요. 빨리 팬분들을 만나서 소통도 하고 공연하고 싶다는 감정이 제일 먼저였던 것 같아요.

제가 군악대에서 생활했었는데 장병들 앞에서 노래 부르고 춤추면 뜨거운 반응을 보내주는 것을 보면서 하루 빨리 팬들을 만나 무대에 서는 모습을 보여주고 싶다라는 그런 갈증이 느껴졌어요. 최근에 팬 콘서트도 하고 뮤지컬도 들어가면서 여러 방면으로 팬분들과 만나고 있는데, 1년 6개월이라는 시간을 기다려주신 팬들에게 감사합니다. 사실 말로만 하면 그 감정이 전해지지 않을 수도 있잖아요. 그래서 전보다 정말 진심으로 감사한 마음을 표정으로 드러내려고 노력하고 있습니다. 그리고 스케줄이 끝나고 퇴근길에 기다려주신 팬들을 항상 만나고 있습니다.

지금 〈현역 가왕 2〉로 전국 투어도 계속 하고 계시잖아요. 무대에 서실 때 가장 신경 쓰는 디테일이 있나요?

제가 전역하고 나서 첫 스케줄이 현역 가왕 콘서트였어요. 아직 군인의 티를 못 벗어내서 그전에 제가 무대에서 보여줬던 모습이 안 나오더라고요. 많이 경직돼 있고 굳어 있어서 무대를 즐기지 못한 것 같았어요. 이제 세 번 정도 진행하다 보니 여유가 좀 생기는 것 같아요. 저도 그렇고 관객분들도 더 재미있게 즐기고 있다는 것을 체감하고 있어요.

성리 씨는 아이돌 활동도 하셨고, 또 발라드로도 솔로를 보여주신 적이 있고 이제 트로트까지 섭렵하고 계시잖아요. 이렇게 다양한 장르를 넘나들면서 무대 위에서 성리 씨만의 음악 색깔을 만들어오셨는데요. 성리 씨가 정의하는 '성리다운 트로트란 무엇인지', 그리고 그 안에서 어떤 감정과 색깔을 담고 싶으신지 궁금합니다.

저는 트로트에 대해서 아직도 정말 잘 모른다고 생각해요. 그런데 많은 경연을 통해서 경험한 것도 있고, 배운 것이 있는데요. 시대도 많이 바뀌었고, 음악적인 색깔들도 다양하기 때문에 '장르라는 게 있을까'라는 의문이 하나 생겼어요. 트로트도 정통 트로트, 세미 트로트로 나뉘어지잖아요. 그런 면에서 저는 정통은 아니고 세미 트로트나 발라드 같다라는 얘기를 많이 들었어요. 발라드를 부를 때는 트로트 같다고 하고, 트로트를 부를 때는 발라드 같다는 얘기를 들으며 혼란스럽기도 했죠. 그러다 내가 추구하는, 나의 스타일대로 부르는 게 나만의 트로트라고 결론을 내렸어요. 사실 사람마다 너무 다른 걸 많이 봤기 때문에 정답은 없다라고 생각해요. 그래서 제가 트로트를 부른다면 그냥 '성리의 트로트구나'라고 정의 내릴 수 있을 것 같아요.

제가 들려드리고 싶은 감정을 인위적으로 만들지 않고, 진심으로 전달할 때 '성리라는 사람은 감정 표현을 잘하는구나'라고 생각해주실 것 같아요. 그래서 무대에 오를 때마다 '내가 노래에서 표현할 수 있는 의미는 무엇일까'를 분석하고 표현하려고 노력합니다. 그렇게 저만의 스타일로 노래를 들려드렸을 때 좋아해주시는 분들도 많아진 것 같아요.

트로트 무대에 오르기까지 다양한 장르를 경험해오셨는데요. 그중에서 이 음악은 나와 잘 맞는다라고 느꼈던 순간이 있을까요?

K팝 음악을 했을 때와 그 뒤에 발라드를 했을 때, 그리고 트로트를 했을 때 모두 저와 잘 맞는다고 생각했어요. 운명처럼 K팝 음악을 하면서 잘한다는 칭찬도 많이 들었고요. 예전부터 알고 있던 팬분들은 '성리의 발라드'를 좋아해주시기도 했고요. 그리고 트로트를 시작했는데, 조금 의아했던 게 제일 늦게 시작한 장르인데 K팝 음악이나 발라드를 했을 때보다 극찬을 받는 경우가 많았어요. 거기서 또 한 번 혼란이 왔었어요. '내가 잘하는 건 트로트인가, 난 트로트를 정말 진심으로 계속해야 하는 건가?' 그때는 잘 몰랐죠. 그런데 이제 와 돌이켜보면 그런 칭찬을 들을 만큼 제가 연습을 많이 했던 것 같아요. 정말 어색하지 않게 이 장르와 이 음악에 잘 어우러지려고 많은 연습을 하고 레슨도 받고 연구를 하다 보니 '어색하지는 않다, 잘 어울린다'라는 평가를 듣게 된 건 아닐까 생각합니다.

그렇다면 어떤 장르도 잘 소화해오셨던 성리 씨만의 음악적 무기는 무엇이라고 생각하시나요?

저는 습득력이라고 생각해요. K팝이나 발라드, 트로트까지 경연을 하면서 빠른 시간 내에 많이 듣고 익히면서 저만의 스타일로 만들어 경연 라운드마다 노래했거든요. 지금까지 노래와 춤만 연습하고 익히면서 이제는 '잘한다'라는 평가를 받게 된 것은 저의 습득력 덕분인 것 같아요.

첫 번째 팬 콘서트인 '당신이 너무 좋아'를 시작으로 지금은 라디오에서 〈성리의 데이트 할까요 시즌 2〉를 통해서 팬들과 활발히 소통하고 계신데요. 활동 폭이 점점 넓어지고 있는 지금 앞으로는 팬분들과 또 어떤 방식으로 더 깊이 있는 소통을 하고 싶으신지, 그리고 어떤 아티스트로 기억되고 싶으신지요.

먼저 어떤 방식으로든 팬들과 더 깊이 있게 소통하기 위해 노력하고 있습니다. 아직까지는 제가 잘 지키지 못하고는 있는데, 예를 들어서 SNS 라이브를 많이 하잖아요. 저는 전역 이후 SNS를 거의 안 하고 있어서 저의 개인적인 모습을 보여드리지 못하는 것 같아요. 그래서 조금 더 신경을 써서 다른 플랫폼을 통해서라도 좀 더 여러분에게 무대 아래에서의 성리 모습을 보여드리고 싶은 마음도 있고, 그런 방식으로 많이 다가갈 예정입니다. 더 많은 방송과 사람들에게 알려지다 보면 자연스럽게 팬들을 더 많이 만날 수 있는 자리가 조성될 거라고 생각해요. 그렇게 되도록 제가 더 많이 뛰고 노력해야겠죠.

제가 기억되고 싶은 아티스트의 모습은 묵묵히 저만의 길을 걸어가도 팬분들께서 한 분도 빠짐없이 끝까지 응원해주시는 그런 지조 있는 아티스트라고 생각합니다. '성리답다'라는 그런 말을 들을 수 있는 아티스트가 되고 싶습니다.

그렇다면 앞으로 꼭 서보고 싶은 무대가 있으신가요?

솔직히 꿈의 무대는 있어요. 가요대전이에요. 연말이 되면 가요대전을 하잖아요. 잘나가는 아이돌 가수들이 나오는 그 무대를 아이돌 생활 당시 멤버들과 숙소에서 보기만 했거든요. 그걸 보면서 꼭 가요대전 무대에 서고 싶다고 생각했어요. 지금 저는 트로트를 하고 있지만, 장르에는 한계가 없다고 생각해요. 그래서 제가 정말 많은 사랑을 받아서 가요대전 무대에 성리라는 이름으로 꼭 서게 되기를 바라고 있습니다. 그렇게 된다면 큰 꿈을 이루게 된 것이겠죠.

아직은 해보지 못한 새로운 영역에서 도전해보고 싶은 활동이 있으실까요?

20대에 새로운 영역에 도전하면서 경연을 해왔기 때문에 지금 다시 새로운 영역에 도전한다면 저의 색깔이 없어질 것 같아요. 개인적으로는 기회가 된다면 K팝이나 발라드 음악을 좀 섞어서 활동해보고 싶은 바람이 있습니다.

2025.08.27 PM6:00 RELEASE

송가인 '사랑의 맘보'
"송가인이 전하는
흥 넘치는 멜로디"

싱글 '사랑의 맘보'는 현역 트로트 가수이자, 히트 작곡가 설운도가 작사·작곡해 직접 송가인에게 선물한 곡으로 특별함을 더했다.

'사랑의 맘보'는 2025년 1월 발표해 화제를 모았던 심수봉과 컬래버레이션한 '눈물이 난다'에 이어 두 번째 레전드와의 컬래버레이션 곡이다. 신나는 분위기의 트로트곡 '사랑의 맘보'는 송가인 특유의 시원한 가창력은 물론, 맘보 리듬의 특징을 살린 드럼이 한층 더 신나고 재미있는 분위기를 자아낸다. 여기에 시원한 브라스 라인과 재미있는 신시사이저 사운드가 곡의 재미를 더한다.

송가인은 그동안 보여주지 않았던 새로운 느낌의 곡으로 폭넓은 음악성을 다시 한번 증명할 예정이다. 익숙하면서도 신선한, 흥겨우면서도 품격 있는 '사랑의 맘보'는 듣는 이들의 일상에 기분 좋은 활력소가 될 전망이다.

이와 함께 송가인은 공식 SNS 등을 통해 신곡 '사랑의 맘보' 콘셉트 포토를 공개했다. 사진 속 송가인은 흰색 와이셔츠에 중절모를 매치, 발랄하면서도 귀여운 이미지를 보여줘 신곡에 대한 기대감을 더욱 높였다.

송가인은 정규 4집 '가인;달'을 발매, 여자 트로트 가수 최초로 초동 2만 장을 돌파하는 등 신기록을 세우며 한국 가요계에 새 역사를 썼다. 최근에는 SBS '트롯뮤직어워즈 2025TROT MUSIC AWARDS 2025'에서 여자 인기상과 10대 가수상을 수상하며 국보 가수의 위엄을 보여줬다.

19세 이난영, '목포의 눈물'을 부르다

_한국 대중음악과 트로트의 탄생

가끔은 사소한 사건 하나가 역사를 바꾸기도 합니다. 우리 대중음악과 트로트의 역사도 그랬죠. 예컨대 1935년 1월 28일자 조선일보에 실렸던 '제1회 향토 노래 현상 모집' 광고가 그렇습니다. 이건 당시 한반도 음반 시장을 주도하던 음반사인 오케레코드가 주최하고 조선일보가 후원하는 행사였어요. '향토애를 함양'하기 위해 '경성(서울), 평양, 개성, 부산, 대구, 목포, 군산, 원산, 함흥, 청진' 등 10대 도시 찬가(노랫말)를 모집한다는 내용입니다. 뽑힌 작품은 소정의 상금과 함께 오케레코드 소속 작곡가가 곡을 쓰고 전속 가수가 노래해서 음반으로 발매한다는 조건도 붙였어요(사실 음반사의 목적은 향토애 함양보다는 음반 판매에 있었을 겁니다).

공모 결과 평양과 부산, 그리고 목포의 노래가 최종 당선되었습니다. 무명시인 문일석이 지은 '목포의 노래'는 한해 전 '타향살이'를 히트시킨 신예 작곡가 손목인이 곡을 붙였고, 신인 가수 이난영이 노래를 불렀지요. 이 과정에서 흥행의 귀재였던 오케레코드 사장 이철이 노래 제목을 '목포의 눈물'로 바꿉니다. 이렇게 해서 우리가 알고 있는 불후의 명곡, '목포의 눈물'이 태어났습니다.

트로트를 정착시킨 '목포의 눈물'

'목포의 눈물'은 발표되자마자 엄청난 인기를 끌었습니다. 목포뿐 아니라 경성의 어린아이들도 노래를 흥얼거릴 정도였으니까요. 정확한 기록은 없지만 음반 판매량도 어마어마했다고 전해집니다. 덕분에 불과 열아홉 살이었던 이난영은 일약 전국적인 스타덤에 올랐죠. 그리고 또 하나, '목포의 눈물'이 국민가요가 되면서 트로트라는 장르도 우리 대중음악으로 확실히 자리를 잡게 됩니다. 여기에는 듣는 이의 심금을 울리는 애절한 멜로디뿐 아니

오케레코드가 1935년 초 제1회 향토노래 현상 모집을 한 조선일보 1935년 1월28일자 광고. 경성, 평양, 개성, 부산, 대구, 목포, 군산, 원산, 함흥, 청진 등 10개 도시찬가를 모집한다는 내용이다.

라 '민족 정서'를 품고 있는 가사도 한몫했습니다. 이건 2절 가사 인 "삼백 년 원한 품은 노적봉 밑에 님 자취 완연하다 애달픈 정 조"에 분명히 나타나 있지요. 목포 유달산 앞 노적봉은 임진왜란 때 이순신 장군이 봉우리에 볏짚을 쌓아 왜군을 속였던 곳이고, 이 노래가 발표될 당시 임진왜란은 약 300년 전의 일이었으 니까요.

이 노래를 들은 일제 경찰도 같은 생각을 했던 모양입 니다. 민족의식 고취를 철저히 탄압하던 일제 경찰 은 이 가사를 문제 삼아 음반사 관련자들을 소환했 거든요. 하지만 이들은 모두 며칠 만에 '혐의 없음' 으로 풀려났다고 하네요. 없는 죄도 만들어내던 일제 경찰에게 어떻게 이런 일이 가능했을까요? 여기에는 재미난 이야기가 숨어 있습니다. 미리 이 가사가 문제가 될 것으로 판단한 음반사 측에 서 음반에는 '삼백연 원안풍'으로 가사를 적어놓은 겁니다. 소환된 이들은 경찰에게 모두 한목소리로 '삼백연 원안풍'을 주장했고, 덕분에 모두 무사히 풀려 날 수 있었죠. 이런 소문이 퍼지면서 '목포의 눈물'은 더욱 인기를 끌게 되었습니다.

신민요냐, 트로트냐?

이런 사연을 간직한 '목포의 눈물' 초판은 지금도 여러 박물관에 소장되어 있습니다. 당시 발매된 음반은 지금의 LP판보다 작은 SP판이었습니다. 한 면에 한 곡씩, 두 곡을 수록할 수 있는 형태 였죠. 그런데 '목포의 눈물' 초판에는 이상한 점이 하나 눈에 띕니 다. '목포의 눈물'이라는 제목 위로 '당선지방 신민요'라고 쓰여 있 거든요. 가만, 신민요라면 옛날 신카나리아나 은방울 자매가 부 르던 민요풍의 가요가 아니던가요? 그런데 '목포의 눈물'이 신민 요라니 어찌 된 영문일까요?

결론부터 말씀드리자면 '목포의 눈물'은 신민요가 아니라 트로트 가 맞습니다. 트로트의 특징으로 알려진 '5음계와 2박자'를 그대 로 따르고 있으니까요. 이건 당시 일본 유행가인 엔카의 특징이 기도 합니다. 일본에서는 서양 음악을 수용하는 과정에서 보통의 7음계 중 레와 솔을 뺀 '요나누키 음계'가 성립하는데, 이것이 트 로트에 영향을 준 것이죠. 역시 엔카의 영향을 받은 2박자는 '뽕 짝'이란 별명을 낳기도 했습니다. 이렇듯 초창기 트로트는 일본 음악의 영향을 받은 것이 사실입니다. 하지만 여기에 우리 민족 의 현실을 담아냄으로써 당대를 살아가던 사람들의 마음을 울렸 고, 덕분에 우리 대중음악으로 자리 잡는 데 성공했던 것입니다.

'목포의 눈물' 같은 전형적인 트로트 곡에 신민요라는 장르명을 붙인 것은 흥행을 위해서였습니다. '목포의 눈물'이 발매될 무렵 은 '신민요 전성시대'였기 때문이에요. '새로운 민요'라는 뜻의 신 민요는 기존의 민요를 대중가요화한 장르입니다. 자연 발생적으 로 생겨난 것이 아니라, 작곡·작사가가 따로 있다는 점에서 전통

목포의 눈물 레코드판 ⓒ 국립민속박물관

만담 걸작집 서울구경(대도레코드) © 국립한글박물관

민요와 달랐죠. 이런 점에서 신민요는 '민요풍의 대중가요'라 부를 수 있습니다. 특히 신민요는 당대 최고의 연예인이었던 기생들이 부르면서 대중들의 폭발적인 인기를 끌었어요. '전국적인 스타덤'에 올랐던 이난영의 인기도 '스타급 기생'에게는 미치지 못할 정도였지요. 1935년 대중잡지 <삼천리>에서 실시한 '여성 가수 인기 투표'에서 이난영은 3위를 차지했는데 1, 2위는 모두 기생 출신 신민요 가수였습니다. 오히려 신민요의 압도적 인기 속에서 트로트를 부른 이난영이 3위에 오른 것이 이례적인 일이었답니다.

초창기 대중음악의 네 가지 장르

당시 우리 대중음악에 신민요와 트로트만 있었던 건 아닙니다. 재즈송과 만요도 있었죠. 물론 이런 장르로 묶을 수 없는 곡들도 있고, 여러 장르를 넘나드는 노래도 많았지만 말이에요. 네 가지 장르 중 신민요와 트로트가 '양강 구도'를 형성했는데, 이 둘은 서로 영향을 주고받기도 했답니다. 초창기 대중음악 장르 중에서 지금까지 살아남아 대세를 이루고 있는 트로트를 제외하면 모두가 낯설게 느껴집니다. 재즈송과 만요는 특히 더 그렇죠.

재즈송은 재즈뿐 아니라 미국에서 유행한 팝송이나 샹송, 라틴 음악 같은 서양 대중음악의 영향을 받아 만들어진 노래를 뭉뚱그려 가리킵니다. 20세기 초반에 전 세계를 강타한 재즈의 물결이 경성 등 일제강점기 조선의 도시들까지 밀려들면서 재즈송 또한

인기를 끌었지요(예전 박해일과 김혜수가 주연을 맡았던 <모던 보이>가 이런 분위기를 보여주는 영화예요). 도시를 중심으로 젊은이들 사이에 유행한 재즈송은 이국적인 정취와 향락을 노래한 곡들이 많았답니다. 이를 위해 가사에 외래어를 섞어 쓴 것도 재즈송의 특징이죠. '밤새도록 술을 마시고 춤을 추자'라는 가사 내용에 '소네타, 아폴로, 보드카, 에로이카' 등의 외래어가 등장하는 노래 '청춘계급(1938년)'이 대표적이에요(지금 들으면 "진짜 그 시절에 이런 노래를 불렀다고?" 하는 느낌이 드는 노래들도 많아요).

만요는 일종의 '코믹송'입니다. 당시에 유행한 희극인 '만담'에서 나온 이름으로 가사에 해학과 풍자를 담았어요. 미국 팝송의 멜로디에 재미난 가사를 붙인 '유쾌한 시골 영감'은 훗날 코미디언 서영춘이 '시골영감'이라는 제목으로 다시 불러 큰 인기를 끌었죠. 아마 여러분도 한 번쯤 들어보셨을 '시골 영감 처음 타는 기차 놀이라~'로 시작하는 노래가 바로 이 곡입니다. 사실 만요는 멜로디와 리듬보다 가사에 따라 분류된 장르예요. 음악 스타일은 신민요와 트로트, 재즈송까지 다양했지요. '눈물 젖은 두만강'으로 유명한 김정구가 부른 '왕서방 연서'나 당대의 인기 여가수 박향림이 부른 '오빠는 풍각쟁이', 공부는 뒷전이고 노는 데만 열중하는 대학생을 풍자한 '엉터리 대학생' 등이 대표적 만요에 해당합니다(지금 들어도 참 재미난 노래들이 많아요).

초창기 대중음악의 장르 중 트로트는 좀 독특합니다. 우선 당시

트로트라는 말은 지금과 같은 장르명이 아니라 1910년대 미국에서 만들어진 '폭스트롯'이라는 댄스 리듬을 가리켰지요. 왈츠나 탱고, 룸바, 차차차 등과 같은 범주인 것이죠. 예컨대 1936년 이난영이 발표한 음반에는 '낙화의 눈물'이란 제목 위로 '폭스트롯'이라고 적어놓았는데, 이는 리듬을 표시한 것입니다. 당시 장르명으로 쓰이던 신민요와 재즈송, 만요와 달리 트로트는 장르명이 아니었던 거죠.

대신 당대의 트로트 곡들은 '유행가'라고 불렀습니다. 전통 민요에서 시작한 대중가요를 '신민요', 서양 음악의 영향을 받은 것들을 '재즈송'이라 부른 것처럼 일본 음악의 영향으로 새롭게 등장한 노래를 '유행가'라고 부른 거예요. 물론 유행가에는 "특정 시기에 대중의 인기를 얻어서 많은 사람이 듣고 부르는 노래"라는 사전적 의미도 있죠. 따라서 전자를 '협의의 유행가', 후자를 '광의의 유행가'라고 한다면, 오늘날 트로트라고 하는 장르는 당시 협의의 유행가를 말한다고 볼 수 있습니다.

트로트가 지금과 같은 장르명으로 쓰이기 시작한 것은 1950년대 이후입니다. 이때 춤바람이 불면서 대중가요에 트로트로 표기하는 경우가 많았어요. 그러다 1960년대 신문기사에 트로트가 장르명으로 사용되면서 이전에 유행가로 불리던 노래들까지 포괄하게 된 것이죠. 이 과정에서 트로트는 영광과 오욕, 흥행과 침체의 시기를 겪기도 합니다. 마치 우리 인생이 그렇듯 말이죠.

구완회
대학에서 역사학을 전공하고 <KIKI>, <여성중앙>, <프라이데이> 등의 잡지에서 기자로 일했다. 지금은 두 아이를 키우며 아이들에게 들려주고 싶은 역사와 여행 이야기를 쓰는 중이다. 저서로 《아빠가 알려주는 문화유적 안내판》, 《재미있다, 한국사》, 《조선 사람의 하루》 등이 있다.

노래는 내 전부를 보여주는 것

진욱

신곡 '당신 비'는 진욱 씨의 섬세한 감성이 유독 잘 드러나는 곡이었어요. 처음 이 곡을 마주했을 때 떠오른 장면이나 마음속에 스쳐간 감정이 있었나요? 그리고 그 감정을 온전히 담아내기 위해 녹음할 때 특별히 신경 쓴 부분이 무엇인지도 궁금합니다.

저는 비 오는 걸 무척 좋아합니다. 비가 오면 가만히 차 안에서 빗소리를 듣는데, 그럴 때면 생각나는 사람들이 많아지더라고요. 그래서 항상 그리움이라는 단어가 많이 생각납니다. 노래를 부를 때도 듣는 분들이 그리움이나 추억이라는 단어가 생각날 수 있도록 최대한 상상하면서 부른 것 같습니다.

진욱 씨에게 '노래를 한다'라는 건 어떤 의미인가요?

저에게 노래란 희로애락이 담겨 있고 내가 살아오면서 보고 느낀 점들을 노래로 표현하고 있습니다. 그래서 노래를 한다는 것은 제 인생 전부를 보여주는 거라고 생각합니다.

녹음 당시 가장 기억에 남는 에피소드나 피드백이 있다면 말씀해주세요.

최근에 정풍송 선생님의 곡을 받아 작업을 했는데 녹음 중인 한 곡이 마음에 들지 않았고 선생님도 똑같이 느끼셨습니다. 그래서 며칠 뒤 다시 녹음했는데 다행히도 선생님과 함께 마음이 맞는 녹음이 되어서 모두 행복한 하루를 보낼 수 있었습니다. 만약에 다시 녹음하지 않고 음원이 나왔다면 두고두고 후회했을 것 같아요.

최근 데뷔 첫 단독 콘서트 '진심'이 초고속 매진을 기록하며 뜨거운 반응을 얻었죠. 특히 이번 공연은 진욱 씨가 직접 기획에 참여해 더 의미 있는 무대로 남았을 것 같은데요. 기획자로서 무대를 하나씩 완성해가는 과정은 어땠나요? 또 팬들에게는 어떤 기억으로 남길 바라시는지도 궁금합니다.

첫 단독 콘서트를 함에 있어서 정말 부담이 많이 되었습니다. 오랜만에 팬들을 만나는 거고 노래를 들려드리는 거여서 많이 떨렸어요. 짧은 시간에 다양한 노래를 들려드리고 싶었고, 첫 콘서트가 팬분들에게도 좋은 기억으로 남기를 바랐습니다. 제일 중점적으로 생각한 것은 내가 잘 부를 수 있는 노래와 다양한 신곡을 들려주려고 했습니다. 그래서 콘서트를 다 보고 가실 때 여운이 남는 노래를 떠올리며 진욱이라고 생각해주셨으면 했어요.

'감성장인'이라는 수식어에 대해 어떻게 생각하시나요?

제가 생각해도 감성장인이라는 수식어가 잘 맞는 것 같아요. 이상하게 감성적인 노래를 할 때 더욱더 세심하게, 그리고 상상력을 동원해서 노래를 부르는데 제 목소리와 잘 맞아서 그런 수식어가 붙은 것 같습니다.

곡을 표현할 때 가장 집중하는 부분은 무엇인가요?

곡을 표현할 때 노래의 맛, 그리고 감정이라고 생각합니다. 노래마다 스킬이 다른데 그런 스킬을 적재적소에 잘 사용하는 것이 중요한 것 같아요.

싱글 '별 하나' 이후 약 1년 만에 '당신 비'로 돌아오셨는데요. '당신 비' 관련 인터뷰에서 두 곡 중 어떤 곡을 먼저 선보일지도 고민했다고 밝히신 걸 보니 팬들에게 보이는 모습이나 시기적인 흐름도 늘 신중히 고려하시는 것 같아요. 진욱 씨가 그리는 '가수 진욱'의 이미지와 방향성은 어떤 모습인가요?

그때 당시 '당신 비'와 '별 하나'라는 곡이 있었는데 이상하게도 '별 하나'가 더 끌렸습니다. 노래의 시기나 상황 등 그리고 더 마음에 끌리는 그런 부분이 있었던 것 같아요. 제가 그리는 이미지는 진정성과 노력의 아이콘이라고 생각하고, 그러기 위해 게을러지지 않고 다양한 것을 배우려고 합니다.

앞으로 음악적으로 어떤 도전을 꿈꾸고 계신가요?

저는 가수라면 누구나 꿈꾸는 유행가 히트곡을 발매하는 것인데, 그 꿈을 위해 지금 열심히 작업 중입니다. 곧 들려드리도록 하겠습니다.

향후 활동을 하며 이루고 싶은 목표가 있으신가요?

이제 신곡도 나오고 해서 다양한 행사와 방송에서 좋은 신곡들을 꼭 들려드리고 싶고 기회가 된다면 예능에도 출연해보고 싶습니다. 최종 목표는 저의 신곡이 전 국민이 함께 부를 수 있는 국민 송이 되는 것인데, 그를 위해 더욱더 노력하겠습니다.

깊은 감정을 전하는
가수가 되고 싶어요

별사랑

최근 발매하신 신곡 '가위바위보'는 듣는 순간 어깨가 들썩일 만큼 흥이 넘치고 신나는 곡이었어요. 이 곡을 처음 마주했을 때, 별사랑 씨가 가장 먼저 느낀 감정은 무엇이었나요?

설레고 톡톡 튀는 사랑의 감정이었습니다. 달콤한 팝콘이 생각났어요.

무대에서 이 에너지를 관객에게 고스란히 전달하기 위해 특별히 준비했던 포인트가 있다면 소개해주세요.

밝은 표정과 톡톡 튀는 안무입니다. 반복되는 안무 위주로 노래를 쉽게, 그리고 즐겁게 표현하려고 노력했습니다!

퍼포먼스를 준비할 때 가장 신경 쓰는 부분은요?

누구나 따라 할 수 있는 쉬운 안무로 짜려고 합니다!

가장 잊지 못할 순간으로 기억에 남은 무대는 무엇이었나요?

경연이 끝나고 행사에서 관객분들을 맞이했을 때예요. 어느 때보다 눈동자가 반짝반짝 빛이 났고, 어느 때보다 반겨주시고 아낌없는 박수와 격려, 환호를 보내주셨어요.

'가위바위보'처럼 톡톡 튀는 콘셉트부터 정통 트로트 무대까지 매번 완전히 다른 얼굴로 무대에 등장하는 게 별사랑 씨의 가장 큰 매력 같아요. 어떤 무대든 결국 '나답게' 만들기 위해 가장 고민하는 부분은 무엇인가요?

어떤 노래든, 노래의 주인공이 되려고 합니다. 대상을 생각해요. 사랑하는 사람, 친구, 가족, 동료, 팬분들… 때로는 자연 등을 생각하면서 꼭 감정이입을 한 다음 노래합니다.

별사랑이라는 이름 앞에 붙었으면 하는 수식어가 있다면요?

감정장인으로 많이들 불러주시고 육각형 스타라고도 불러주시는데요. 흔하지만 비타민 같은 존재가 되고 싶습니다.

가장 자신 있는 장르는 어떤 스타일인가요?

남진 선배님 노래를 많이 즐겨듣고 불러왔어요. 그리고 패티김 선배님의 음악도 참 좋아합니다. 시처럼 말하듯이 톡톡 던지며 감정선을 놓지 않는 음악들을 좋아하고 자신 있게 부를 수 있는 것 같아요.

무대에 설 때 '이건 내 무대다'라는 확신이 드는 순간은 언제인가요?

가사와 멜로디가 입에 착! 힘들이지 않고도 흐름을 따라 불리는 노래들이 있어요. 예를 들어 〈미스 경연〉에서 불렀던 '빈잔'이나 '당신의 눈물'이라든지, 〈현역가왕〉에서 불렀던 '립스틱 짙게 바르고', '외로운 술잔' 같은 노래들이요. 부르면서 스스로도 재미있다고 느끼는 무대가 대중들에게 사랑받는 무대가 되는 것 같아요.

최근 〈한일가왕전〉 등을 통해 글로벌 무대에서도 주목받고 계신데요. 앞으로 무대 안팎에서 별사랑이라는 이름을 더 폭넓게 알릴 수 있도록 어떤 활동을 꿈꾸고 계신가요?

기회가 된다면 일본이나 중국에서도 활동하고 싶어요. 테레사 텡 음악을 참 좋아하기도 하고요. 중국어도 적성에 맞아 꾸준히 공부하고 있습니다. 소규모 팬미팅부터 시작해서 나중에는 세계적인 큰 무대에도 서보고 싶어요!

한 사람의 아티스트로서, 그리고 예비신부로서 새출발이 별사랑 씨에게 어떤 의미인지도 들려주세요.

한 사람의 아내로서, 먼 훗날 한 아이의 엄마로서 느끼는 인생의 깨달음들을 고스란히 음악에 녹이고 싶어요. 지금은 느낄 수 없는 감정이지만, 자연스럽게 익어가고 깊어지는 가수를 꿈꿀 수 있는 시간이라고 생각해요.

팬들과 함께해보고 싶은 특별한 무대나 프로젝트가 있다면요?

요즘 러닝에 푹 빠져 있는데요. 팬분들과 마라톤 대회를 나가보고 싶어요. 같이 뛰고 대화하고 땀 흘리며 함께하는 시간은 소중한 추억이 될 것 같습니다.

앞으로 별사랑 씨만의 이야기를 담은 앨범이나 콘텐츠도 구상하고 계신가요?

내년쯤에는 정규 앨범 작업을 해보고 싶어요. 서툴지만 그때그때의 감정을 일기처럼 적어놓은 가사들도 몇 곡 있고요. 생각날 때마다 음성메모에 저장해둔 멜로디도 있으니, 작곡 작사에 직접 참여해서 별사랑의 음악과 감성이 진하게 담긴 앨범 발매를 생각하고 있습니다. 또 결혼 이후, 저의 유튜브 채널을 통해 조금 더 인간적으로 다가갈 수 있는 콘텐츠들노 생각하고 있고요. 다양한 모습으로 더 활발하게 활동할 생각입니다.

노래로 전하는 공감하는 마음

정다경

최근 선보이신 '마중' 무대에서는 노래뿐 아니라 눈빛, 손끝, 표정까지 감정을 섬세하게 표현해주셨어요. 그 무대를 보며 정다경 씨는 무대 위에서 몰입도가 정말 높은 가수라는 인상을 받았습니다. 감정을 연기하듯 무대에 녹여내기 위해 평소 어떤 방식으로 몰입을 준비하시는지 궁금합니다.

저는 무대 위에서 3~4분 정도의 짧은 연기를 펼친다고 생각합니다. 그래서 무대가 있는 날에는 그 작품의 주인공이 된 것처럼 집을 나서면서부터 무대에 오를 때까지 그 감정선을 계속해서 이어가려고 합니다.

무대를 준비할 때 가장 오래 고민하거나 리허설을 많이 거치는 부분이 있다면요?

댄서들과 함께 무대를 만들어가다 보니 동작 하나하나에 맞춰 호흡을 맞추는 데 많은 노력을 기울였습니다. 또 관객들의 연령대에 맞춰 공감대를 형성할 수 있도록 표정과 손짓을 조금씩 달리하며 감정을 표현하려고 합니다.

'이 무대는 정말 잊지 못할 것 같다'라고 느낀 순간이 있다면요?

이번 '마중' 무대에서 아이돌과 함께해야 하는 음악 방송들이 많았는데, 그 첫 무대는 아직도 잊을 수 없습니다. 아이돌분들은 무대에서 춤, 노래, 퍼포먼스를 모두 완벽하게 소화하시니까, 저도 그 사이에서 이런 무대를 보여줘야 한다는 부담이 있었어요. 하지만 호응이 좋아서 그 무대는 정말 잊을 수 없는 순간이었습니다.

'마중'은 직접 작사에도 참여하며 정다경 씨의 감성이 고스란히 담겼는데요. 가사 한 줄 한 줄이 누군가를 기다리는 마음을 대변하는 듯 인상적이었는데, 그 감정을 쓰고 부르는 과정에서 가장 중요하게 생각했던 건 무엇이었나요?

제가 가장 중요하게 생각하는 것은 '공감'입니다. 가사를 쓸 때, 만약 내가 그런 상황에 처한다면 어떻게 표현할 수 있을까 많이 고민하고, 그 공감할 수 있는 포인트를 살리려고 노력합니다. 그리고 그 가사를 부를 때는 한 줄 한 줄이 잘 들리도록 발음과 딕션에 신경을 많이 쓰는 편이에요.

트로트뿐 아니라 다양한 장르에도 도전해보고 싶다는 욕심이 있으신가요?

사실 예전에는 트로트와 다른 장르들이 확실하게 나뉘었는데, 요즘은 젊은 팬들이 많아지면서 점점 장르의 경계가 허물어지고 있다고 느껴요. 저도 유튜브나 SNS를 통해 팬분들이 다양한 장르의 신청곡을 보내주셔서 록발라드나 아이돌 노래 등 여러 장르를 커버하고 있는데, 그중에서도 록발라드 느낌의 곡을 한번 도전해보고 싶어요.

작사할 때 영감은 주로 어디에서 받으시나요?

작사할 때 평소에 제가 느끼는 것들, 그리고 제 경험에서 오는 감정을 많이 기억하려고 해요. 그 기억을 바탕으로 작사로 풀어내고 있습니다.

KBS1 〈6시 내고향〉의 코너 '섬섬옥수'의 진행자인 '섬순이'로 활약하셨는데요. 무대 밖 일상과 다양한 방송을 통해 팬들과 소통하는 폭도 점점 넓어지고 있어요. 앞으로 정다경 님이 더 도전해보고 싶은 분야나 무대는 무엇인지, 또 어떤 아티스트로 기억되고 싶은지도 궁금합니다.

솔직히 많은 분이 '정다경'이라는 이름만이라도 기억해주시면 좋겠어요(웃음). 하지만 제가 도전해보고 싶은 무대는 단순히 제가 보여주고 싶은 무대가 아니라, 정다경에게 보고 싶은 무대, 그리고 바라는 무대였으면 좋겠습니다. 그래서 많은 분이 저에게 아낌없이 의견을 주신다면 저 또한 발전하는 정다경이 될 수 있을 것 같아요.

방송에서 '혈당 스파이크'라는 신곡도 준비 중이라고 하셨죠. 어떤 곡인지 살짝만 귀띔해주신다면요?

'혈당 스파이크'라는 제목처럼 사실 그 전부터 제가 스스로 혈당 관리를 하고 있었어요. 여러 이야기를 나누다 문득 혈당 스파이크가 연령이나 성별에 상관없이 누구에게나 중요한 고민이라는 생각이 들었어요. 그래서 건강을 지키는 노래를 만들어보자고 결심하게 되었습니다.

섬을 직접 돌아다니며 사람들과 교감하는 방송은 처음이었을 텐데, 가장 기억에 남는 장면은 무엇이었나요?

섬을 돌아다니면서 섬마다 고유한 특징과 분위기가 있다는 것을 느꼈고, 다른 분위기의 마을 사람들과 소통하면서 그분들이 각자의 분야에서 열심히 노력하는 모습에 감동을 받았습니다. 그 모습을 보며 배울 점이 많고, 제가 아직 부족하다는 걸 절실히 느꼈습니다. 그래서 앞으로 더 공부하고 소통하며, 그런 과정을 통해 인생을 배워가는 정다경이 되겠습니다.

항상 감사하며
노래하겠습니다

남궁진

최근 한 인터뷰에서 "트로트는 알면 알수록 깊어지는 장르"라고 하신 말이 인상 깊었어요. 남궁진 씨가 느끼는 트로트의 매력은 무엇이라고 생각하시나요? 또 부를 때와 들을 때, 각각 어떤 감정을 느끼시는지도 궁금합니다.
처음에는 세미 트로트를 좋아해서 트로트를 시작하게 되었는데 그때는 신명 나는 곡들 위주로 부르는 것을 좋아했다면 최근에는 가사 전달이 중요한 곡들을 많이 연습하고 부르고 있습니다.
제가 생각하는 트로트는 소통이자 공감이라고 생각합니다. 소통과 공감이 가장 큰 매력이고, 그만큼 곡의 가사를 진심을 다해 노래로 담아내는 것이 정말 중요하다고 생각합니다. 그 안에 제가 살아왔던 이야기를 녹여 그 감성을 표현할 수 있다는 것도 트로트만의 매력이라고 생각합니다. 곡의 가사를 곱씹으며 저의 인생에 투영시켜

보기도 하고, 그 주인공이 '나라면 어땠을까'라는 생각도 해보면서 저도 그 곡에 최대한 공감해보려 노력합니다.

무대에 설 때 가장 중요하게 생각하는 것은 무엇인가요?
나 혼자서 일방적으로 노래만 하는 것이 아닌, 서로 교감하고 소통하며 이야기가 있는 무대를 만드는 것이 중요하다고 생각합니다.

트로트를 부르며 느끼는 가장 큰 매력은 무엇이라고 생각하시나요?
같은 곡을 듣고 부르며 때로는 웃고 울며 그 자리에서 마음을 나눌 수 있는 부분이 정말 매력적입니다.

최근 KBS 1TV 〈아침마당〉 '도전 꿈의 무대'에서 '논산의 효자 아들'로 소개되며, 간경화 판정을 받은 어머니에게 간 이식을 해주기 위해 운동을 하고 있다고 말씀하시는 모습이 인상 깊었습니다. 또한 4승 소감에서도 어머니께 감사를 전하셨는데요. 그동안 인생의 전환점마다 가족은 남궁진 씨에게 어떤 의미였는지 궁금합니다.

부모님이 있었기에 제가 있을 수 있고, 가족이 있었기에 이 자리까지 올 수 있었다고 생각합니다. 아직 가야 할 길이 멀지만 가족이 있어 제가 앞으로 나아갈 수 있는 계기가 되고 기쁨이 됩니다. 항상 힘들 때 서로를 위해주고 즐거움도 나누면서 서로가 버텨왔습니다. 앞으로도 가족의 행복을 지킬 수 있도록 열심히 노력하겠습니다.

일본에서 현장 스태프로 일하던 시절, 갑작스럽게 대타로 무대에 서게 된 첫 경험을 하셨다고 들었어요. 그날의 기억이 지금도 생생하게 남아 있나요? 무대에 올랐을 때 어떤 감정이 드셨는지도 궁금합니다.

생각보다 많은 분이 환호해주시고 응원해주서서 정말 놀라기도 했고 감사했습니다. 저를 처음 보신 분들이 그 이후에도 꾸준히 응원해주서서 일본에서 생활하는 데 큰 용기를 얻었습니다.

힘든 시기에도 계속 도전할 수 있었던 힘은 무엇인가요?

노래를 하고 싶은 것과 무대에 서고 싶다는 꿈이 계속 도전할 수 있었던 힘이었고, 주위 사람들의 응원과 격려가 원동력이 된 것 같습니다.

유튜브 채널 '남궁진TV'의 '항상 감사하며 노래하겠습니다'라는 문구가 인상 깊습니다. 무대 위에서 그 감사를 어떻게 표현하고 싶으신지, 팬들에게 전하고 싶은 메시지는 무엇인지 궁금해요. 그리고 앞으로 어떤 모습의 남궁진으로 성장해나가고 싶은지도 들려주세요.

무대에서 노래하는 직업이 정말 쉬운 일이 아니라는 것을 잘 알고 있습니다. 정말 소중한 무대에 설 수 있고, 응원해주시는 분들이 있다는 것이 저에게는 너무나도 감사한 일입니다. 그래서 그분들께 마음을 전할 수 있고, 감동을 드릴 수 있는 가수가 되고 싶습니다. 팬분들께 항상 고맙다는 말씀을 드리고 싶고 항상 건강하고 행복한 시간을 함께 만들어가고 싶습니다. 언제나 그런 마음으로 노래하는 가수가 되겠습니다.

앞으로 가장 도전해보고 싶은 활동이 있다면요?

최근 들어 가장 해보고 싶었던 라디오 DJ도 할 수 있게 되어서 정말 기쁘고 감사합니다. 앞으로도 다양한 채널과 무대에서 많은 분에게 인사드리고 싶습니다.

팬들과 어떤 음악을 나누는 아티스트로 기억되고 싶으신가요?

팬분들이 살아오면서 겪었던 일들에 공감하고 아픔과 기쁨을 함께 나눌 수 있는 음악을 하고 싶습니다.

트롯진: TROTZINE 장민호 Ver. A형

초판 인쇄 2025년 9월 10일
초판 1쇄 발행 2025년 9월 30일

발행인 김우진
총괄 박재덕
촬영 기획 월드포레스트
편집 트롯진 편집부(정은아, 이혜미)
기자 김예진
포토그래퍼 김일권
Hair 이재영 @La:B
Make up 구은별
Styling 변진수, 유승한, 김다은

발행처 이야기가있는집
등록 2013년 11월 25일 제2013-000365호
주소 서울시 마포구 월드컵북로 402, 16
전화 02-6215-1245 **팩스** 02-6215-1246

ⓒ 2025 TROTZINE

ISBN 979-11-86761-42-7 (03680)